THE WEAPONS ENCYCLOPÆDIA
TANK AIRCRAFT AFV SHIP ARTILLERY VEHICLES SECRET WEAPON

TWE-014 ITA

PANZER 38 (t)

THE WEAPONS ENCYCLOPAEDIA

EDITORIAL STAFF
Luca Cristini, Paolo Crippa.

REDAZIONE ACCADEMICA
Enrico Acerbi, Massimiliano Afiero, Aldo Antonicelli, Ruggero Calò, Luigi Carretta, Flavio Chistè, Anna Cristini, Carlo Cucut, Salvo Fagone, Enrico Finazzer, Björn Huber, Andrea Lombardi, Aymeric Lopez, Marco Lucchetti, Luigi Manes, Giovanni Maressi, Francesco Mattesini, Federico Peirani, Alberto Peruffo, Maurizio Raggi, Andrea Alberto Tallillo, Antonio Tallillo, Massimo Zorza.

PUBLISHED BY
Luca Cristini Editore (Soldiershop), via Orio, 35/4 - 24050 Zanica (BG) ITALY.

DISTRIBUTION BY
Soldiershop - www.soldiershop.com, Amazon, Ingram Spark, Berliner Zinnfigurem (D), LaFeltrinelli, Mondadori, Libera Editorial (Spain), Google book (eBook), Kobo, (eBoook), Apple Book (eBook).

PUBLISHING'S NOTES
None of unpublished images or text of our book may be reproduced in any format without the expressed written permission of Luca Cristini Editore (already Soldiershop.com) when not indicate as marked with license creative commons 3.0 or 4.0. Luca Cristini Editore has made every reasonable effort to locate, contact and acknowledge rights holders and to correctly apply terms and conditions to Content. Every effort has been made to trace the copyright of all the photographs. If there are unintentional omissions, please contact the publisher in writing at: info@soldiershop.com, who will correct all subsequent editions.

LICENSES COMMONS
This book may utilize part of material marked with license creative commons 3.0 or 4.0 (CC BY 4.0), (CC BY-ND 4.0), (CC BY-SA 4.0) or (CC0 1.0). We give appropriate attribution credit and indicate if change were made in the acknowledgments field. Our WTW books series utilize only fonts licensed under the SIL Open Font License or other free use license.

CONTRIBUTORS OF THIS VOLUME & ACKNOWLEDGEMENTS
Ringraziamo i principali collaboratori di questo numero: I profili dei carri sono tutti dell'autore. Le colorazioni delle foto sono di Anna Cristini. Ringraziamenti particolari a istituzioni nazionali e/o private quali: Stato Maggiore dell'esercito, Archivio di Stato, Bundesarchiv (wikipedia/ CC-BY-SA 3.0), Nara, Library of Congress ecc. A P.Crippa, A.Lopez, L.Manes, C.Cucut, archivi Tallillo. per avere messo a disposizione immagini o altro dei loro archivi.

For a complete list of Soldiershop titles, or for every information please contact us on our website: www.soldiershop.com or www.cristinieditore.com. E-mail: info@soldiershop.com.
Keep up to date on Facebook & Twitter: https://www.facebook.com/soldiershop.publishing

Titolo: **PANZER 38 (t)** Code: **TWE-014 IT**
Collana curata da L. S. Cristini.
ISBN code: 979-12-55890072. Prima edizione agosto 2023
THE WEAPONS ENCYCLOPAEDIA (SOLDIERSHOP) is a trademark of Luca Cristini Editore.

THE WEAPONS ENCYCLOPÆDIA
TANK AIRCRAFT AFV SHIP ARTILLERY VEHICLES SECRET WEAPON

PANZER 38(t)

LUCA STEFANO CRISTINI

BOOK SERIES FOR MODELLERS & COLLECTORS

INDICE

Introduzione 5
- Lo sviluppo 5
- Caratteristiche tecniche 8
- Motore e cambio 8
- Corazzatura 10
- L'armamento 10

Le versioni dei mezzi 13
- Le versioni ceche 13
- Le versioni tedesche 13
- Carri e mezzi derivati con telaio Panzer 38n(t) 21
- Versioni svedesi 22

Impiego operativo 23
Mimetica e segni distintivi 41
Produzione ed esportazione 47
Scheda tecnica 52
Bibliografia 58

▲ Carro Panzerkampfwagen 38 t Vadim Zadorozhny Technical Museum Russia - By courtesy of Alan Wilson

INTRODUZIONE

Il Panzerkampfwagen 38(t) non nasce tedesco: il suo nome originale era LT vz. 38, ed era il miglior carro armato dell'esercito cecoslovacco realizzato tra le due guerre, il quale, però, non riuscì a utilizzarlo in battaglia a causa dell'occupazione tedesca. Ebbe quindi fortuna e sostanziale utilizzo solo in un altro esercito, quello tedesco appunto, che ribattezzò il mezzo Pz. Kpfw.38(t). Nella Wehrmacht, questo carro armato divenne uno dei simboli della Blitzkrieg, combattendo nell'avanguardia delle unità corazzate tedesche. Fu quindi così che, nella primavera del 1940, i carri armati costruiti a Praga distrussero i veicoli britannici e francesi che due anni prima non erano riusciti a venire in aiuto della Cecoslovacchia...

Il **Panzer 38(t)**, era un carro armato leggero, nato dall'esperienza fatta sul precedente carro boemo LT vz. 35; questo carro si guadagnò una buona reputazione e fu esportato in diversi paesi come Svezia, Persia, Perù, Svizzera e Lituania. Una curiosità: la t fra parentesi dopo il nome del carro sta a significare *tschechisch*, la parola tedesca per ceco.

LO SVILUPPO

Nel 1935, il produttore cecoslovacco di carri armati ČKD stava cercando un sostituto per il carro armato leggero LT-35, che stava producendo insieme a Škoda Works. L'LT-35 si era rivelato un mezzo complesso e presentava dei difetti, e ČKD pensava che, aggiornando il carro alla nuova versione, avrebbe potuto fare buoni affari, sia con l'esercito del suo paese che tramite l'esportazione. Diverse migliorie furono, quindi, realizzate, come le nuove sospensioni a balestra; il nuovo mezzo risultò subito molto accattivante e piovvero le prime richieste dall'Iran, Perù e Svizzera, per un totale di un centinaio di carri. A essi si aggiunse poi la Lituania, e persino la Gran Bretagna ne acquistò un modello per analizzarlo meglio. Tuttavia, i primi test britannici non furono soddisfacenti e gli inglesi non fecero altri passi verso questo carro. Nell'autunno del 1937, le forze armate cecoslovacche lanciarono un concorso per un nuovo carro medio; le grandi aziende nazionali Škoda, ČKD e Tatra parteciparono tutte alla gara. Škoda Praga presentò il

▲ Il carro ceco LT vz. 38 impegnato in test dimostrativi per una commissione tedesca, fabbrica CKD, maggio 1939. Notare ancora la mimetica dell'esercito cecoslovacco.

▲ Prototipo del carro armato leggero vz 38 in mostra per la delegazione iraniana. Cecoslovacchia 1935.

modello derivante dal LT-35 che ebbe un buon interesse internazionale. ČKD realizzò un prototipo derivato dal carro venduto alle nazioni citate sopra, l'interessante carro medio V-8-H (in seguito chiamato ST vz. 39), che tuttavia dimostrò di avere numerosi problemi meccanici. La Tatra, nota soprattutto per le sue auto blindate con ruote più piccole, presentò un documento cartaceo relativo allo studio di un nuovo carro armato brevettato nel 1938. Il 1° luglio 1938, l'esercito boemo ordinò 150 carri del modello della ČKD, mezzi che tuttavia non ebbero il tempo di entrare in servizio prima dell'occupazione tedesca del marzo 1939.

La produzione diventa germanica

Dopo l'annessione della Cecoslovacchia, la Germania pensò bene di continuare la produzione del modello boemo poiché era considerato un eccellente carro armato, soprattutto rispetto al Panzer I e al Panzer II che erano i principali carri armati della Panzerwaffe all'inizio della Seconda Guerra Mondiale. Nelle fabbriche boeme i tedeschi trovarono oltre 200 LT-35, il carro medio ST 39 e almeno 150 LT-38 non completamente finiti. Scartarono e bloccarono subito la produzione del 35 e del 39 ritenuti non interessanti, e s'innamorarono subito del LT-38. Il carro fu quindi introdotto per la prima volta al servizio della Wehrmacht con il nome **LTM 38**. Questa denominazione, però, durò poco e il 16 gennaio 1940 il carro divenne il **Panzerkampfwagen 38 (t)**. Il primo contratto interamente tedesco per questo carro fu firmato il 12 giugno 1939. In totale, prevedeva 325 carri armati; una quantità così grande sottolinea ancora una volta quanto il carro armato piacesse ai tedeschi. Tuttavia, non passò troppo tempo, nulla come una guerra feroce (e la WW2 fu regina) faceva invecchiare i mezzi militari rendendoli obsoleti dopo poco tempo. Sta di fatto che il panzer 38 ceco era diventato troppo presto piccolo per poter contrastare i nuovi giganti russi. La sua torretta relativamente piccola non poteva ospitare un cannone abbastanza potente da sconfiggere carri armati più pesantemente corazzati come il T-34, quindi la produzione del Pz. 38 (t) si fermò definitivamente nel giugno del 1942 quando ne furono costruiti più di 1.400. I tedeschi da tempo puntavano su altro, ma il vecchio Pz. 38 (t) trovò ancora buone sistemazioni presso i paesi satelliti dell'Asse: Ungheria, Slovacchia, Romania e Bulgaria fra essi.

▲ Prototipo di carro armato leggero vz 38 TNH dell'esercito cecoslovacco.

▼ Prototipo del Panzer 38(t) Ausf.A. visto di retro. È ben visibile la grata di aerazione posta sopra il vano motore. Dietro la grande copertura corazzata rotonda c'era il sistema di raffreddamento, che consisteva in un radiatore e una grande ventola di raffreddamento.

CARATTERISTICHE TECNICHE

La tecnica del mezzo vedeva una struttura simile al precedente modello ceco LTM35, ma con un treno di rotolamento costituito da quattro grandi ruote portanti gommate e due piccoli rulli di rinvio superiori, un'idea abbastanza moderna e interessante per il periodo. L'equipaggio era composto da quattro uomini (il pilota sedeva davanti sulla destra, il mitragliere alla sua sinistra, mentre i due addetti al cannone prendevano posto dietro di loro). Il capocarro poteva usufruire di una cupola di osservazione e di un alto periscopio corazzato, capace di guardare sui 360 gradi in quanto più alto anche della cupola appena dietro. L'armamento era costituito da un buon cannone Škoda 3,7 cm A7 da 37 mm (3,7 cm KwK 38(t) per i tedeschi che rinominavano tutto...). Un cannone di tipo più moderno che nei precedenti, con buone elevazione e depressione, capace di perforare una corazza spessa 35 mm da una distanza di 1.100 m, non male per un carro definito leggero. L'armamento secondario era costituito da una mitragliatrice media ZB-53 (MG 37(t) per i tedeschi) montata in torretta, non coassiale ma montata su un apposito supporto a sfera a destra del mantelletto del cannone; una seconda mitragliatrice ZB-53 era installata frontalmente nello scafo, manovrata dall'operatore radio che sedeva a sinistra del pilota. Le sospensioni, come già ricordato, erano a balestra, mentre la ruota di rinvio era dietro e non davanti, cosa piuttosto strana perché costituiva una anomalia almeno concettuale in un carro che invece pareva fare della modernità il suo punto di forza. I primi modelli erano rivettati, come era la moda negli anni '30, ma presto si procedette a saldare le piastre per garantire una migliore protezione all'equipaggio. La torretta era imbullonata allo scafo. Il motore veniva montato nella parte posteriore del telaio ed era collegato ad un cambio in grado di fornire una retromarcia e cinque marce in avanti.

Piccoli aggiustamenti, come i sedili regolabili per il conducente e un appoggio più solido per il comandante/mitragliere e il caricatore, furono forniti durante il *remease* tedesco. Il guidatore ora poteva anche sparare con la mitragliatrice dello scafo con un grilletto montato sulla barra del timone sinistro. Sempre nelle officine tedesche fu aggiunta alla torretta una posizione di caricatore riducendo la capacità delle munizioni di 18 colpi. Tale limitatore per la mitragliatrice della torretta consentiva ora di virare maggiormente a sinistra senza danneggiare accidentalmente il cannone. Tutti i nuovi carri armati Panzer 38(t) furono ri-calibrati secondo queste specifiche e quelli già in servizio furono modificati di conseguenza. Il comandante doveva mirare e sparare con il cannone principale oltre a condurre il suo ruolo di comandante. I tedeschi produssero anche carri comando generalmente dotati di antenne radio potenti, come quelle dette a binario. A causa delle ridotte dimensioni del carro, il Pz. 38 non poteva ospitare troppe cose all'interno dell'abitacolo; teniamo anche presente che i tedeschi aumentarono i componenti dell'equipaggio da 3 a 4. Per questo motivo furono via via aggiunti ulteriori contenitori esterni. Generalmente essi non venivano montati in fabbrica, ma direttamente nelle officine reggimentali a seconda delle varie esigenze. Sull'Ausf.A, era usuale il montaggio sul fianco sinistro del carro di una pala e un piccone. Allo stesso modo sempre sulle prime serie fu aggiunto un fanale Notek sul paracingolo sinistro, mentre sul lato posteriore era piazzato un nuovo fanale posteriore.

MOTORE E CAMBIO

Il Panzer 38(t) montava un motore sei cilindri a benzina Praga TNHPS/II da 125 cv a 2200 giri/min. Si trattava in realtà di una variante prodotta su licenza dello svedese Scania-Vabis tipo 1664. La velocità massima del veicolo era di 42 km/h su strade normali che scendevano a circa 17/20 su fuoristrada. Con i serbatoi di carburante di 220 litri posti sotto il motore e protetti da una lamiera blindata il mezzo aveva un'autonomia media di circa 240 km. Il sistema di raffreddamento del motore del Panzer 38(t) era costituito da un radiatore e da una grande ventola di raffreddamento, entrambi posti nella parte posteriore del vano motore. La temperatura del motore poteva essere regolata da comandi posti all'interno del veicolo. Le prese d'aria erano poste sopra il motore ed erano protette dal fuoco nemico con piastre corazzate. Il motore poteva essere avviato utilizzando un avviamento classico elettrico oppure semplicemente utilizzando la pratica manovella.

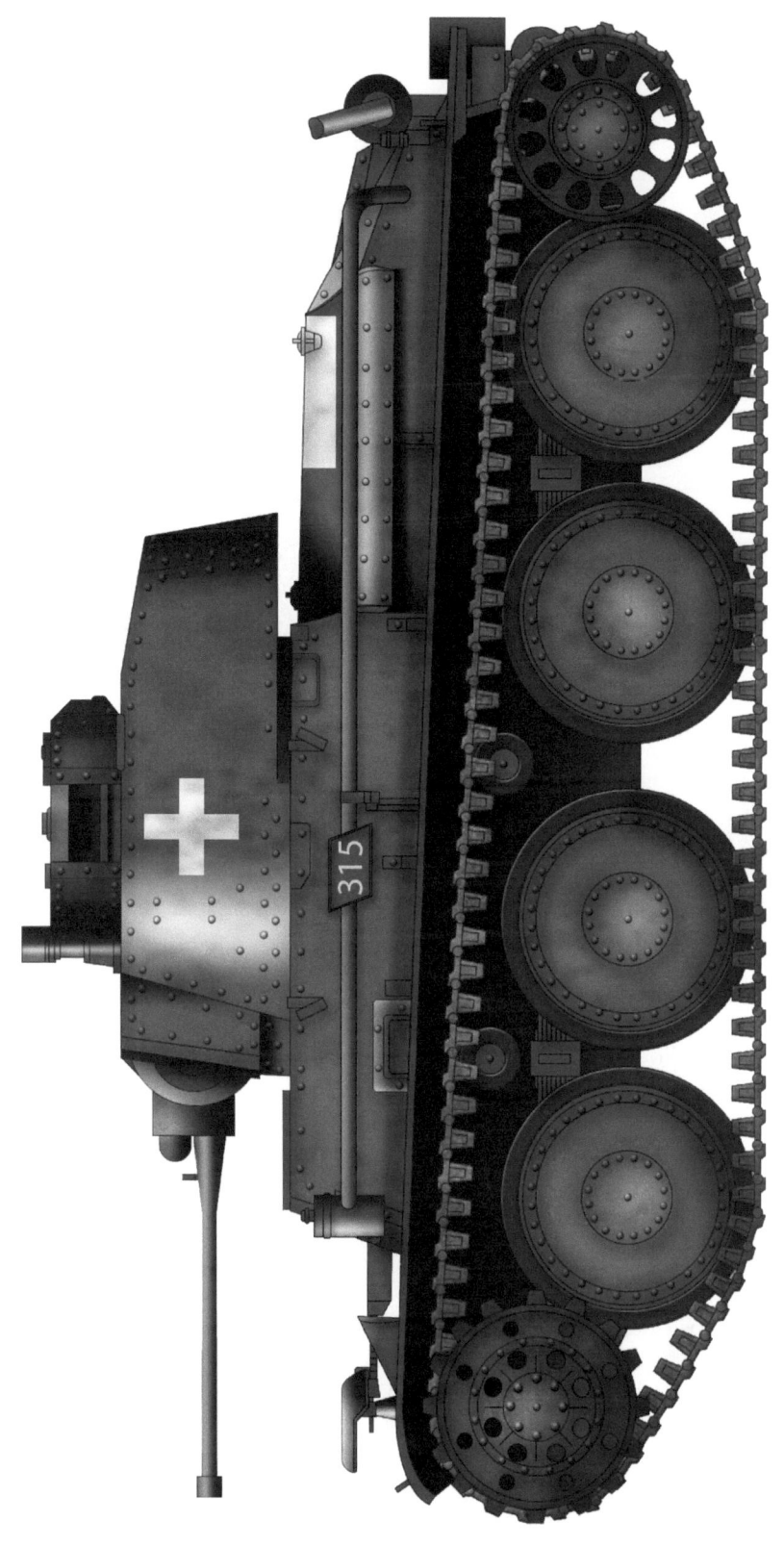

PANZER 38 (t) AUSF. A. PZ. ABT. 67, 3. Iª DIV., POLONIA, SETTEMBRE 1939

▲ Vista dell'abitacolo/camera di combattimento del Panzer 38 (t).

Il motore e il compartimento dell'equipaggio erano separati da una speciale barriera corazzata spessa 5mm atta a difendere l'incolumità dell'equipaggio. In caso di problemi, due piccoli portelli rettangolari posti nel parafiamma permettevano l'accesso al vano motore. Il cambio Praga-Wilson CV-TNHP a 5 velocità più la retromarcia era collegato al motore da un albero di trasmissione che attraversava il fondo del compartimento di combattimento dell'equipaggio. Il guidatore poteva cambiare la marcia semplicemente utilizzando un selettore e azionando il pedale della frizione. Il conducente poteva muovere il carro armato utilizzando unità di sterzo frizione-freno.

■ LA CORAZZATURA

La parte alta (cielo) dello scafo anteriore del carro contava su un'armatura spessa 12 mm mentre la parte che mostrava il fronte era ovviamente più spessa di circa 25. L'armatura laterale aveva uno spessore di 15 mm, mentre quella posteriore di 10-15 mm e la plancia di 8 mm. Il vano motore posteriore era protetto da un'armatura spessa 10 mm. L'armatura della torretta anteriore (di fronte) era di 25 mm con i lati e la parte posteriore di 15 mm. Mentre la cima o parte superiore era di 8 mm. La cupola del comandante aveva tutt'intorno 15 mm di armatura supplettiva, con la porta del portello spessa 8 mm.

■ L'ARMAMENTO

L'armamento principale del Panzer 38(t) Ausf.A era il cannone Škoda da 3,7 cm che, in mani tedesche, fu ribattezzato KwK 38(t). Con l'acquisizione delle fabbriche cecoslovacche, i tedeschi presero possesso anche di tutte le scorte di munizioni da 3,7 cm. I proiettili originali cecoslovacchi da 3,7 cm presentavano alcuni problemi; i tedeschi si attivarono dunque per migliorarne la qualità e le prestazioni aggiungendo un tracciante, modificando forma e peso della carica esplosiva delle munizioni. Oltre ai proiettili perforanti, c'erano anche proiettili ad alto esplosivo e dal 1941 proiettili al tungsteno, particolarmente efficaci e in grado di perforare una corazza di oltre 60mm, e quindi anche di un T-34 entro una certa distanza. Purtroppo per i tedeschi il tungsteno era scarso e molto caro; quindi, gli equipaggi ebbero poche scorte di

▲ Il Panzer 38(t) era armato con un cannone da 3,7 cm e due mitragliatrici. Questa configurazione era più o meno standard per tutti i carri armati durante la Seconda guerra mondiale. Mentre il 3,7 cm era efficace contro la maggior parte dei carri armati (tranne quelli pesanti) nelle prime fasi della guerra, l'apparizione delle serie sovietiche T-34 e KV nel 1941 dimostrò chiaramente che il carro non era più adeguato al combattimento. La mitragliatrice della torretta poteva essere puntata in modo indipendente, il che era alquanto insolito per l'epoca. Wikipedia cc1.

questa munizione. La cadenza di tiro del cannone era di circa 15 colpi al minuto. La scorta di munizioni per il cannone principale a bordo del carro era di circa 80/90 colpi. L'elevazione del cannone variava da -10° a +25° e utilizzava un mirino telescopico *Turmzielfernrohr* 38(t). Il cannone era dotato di un utile sistema antirinculo corazzato per evitare lesioni accidentali durante lo sparo. Sotto il cannone era anche sistemata una sorta di rete atta a raccogliere i bossoli sparati. Durante lo sparo del cannone, i fumi provocati dall'esplosione venivano espulsi dal sistema dell'aria di raffreddamento del motore, attraverso una feritoia di sfiato che si trovava sul lato sinistro della sovrastruttura, o anche attraverso i portelli di osservazione. L'armamento secondario consisteva in due mitragliatrici boeme ZB vz. 37. Queste mitragliatrici furono subito ribattezzate dai tedeschi come MG 37 (t). La prima mitragliatrice era posizionata nella sovrastruttura ed era azionata dall'operatore radio. L'elevazione era limitata per evitare di colpire accidentalmente il cannone principale e potenzialmente danneggiarlo. Questa mitragliatrice era pure fornita di un mirino telescopico.

La seconda mitragliatrice era invece posizionata più in alto nella torretta a destra del cannone principale. La mitragliatrice della torretta era azionata dall'artigliere. Il carico totale di munizioni per le due mitragliatrici era di 2.700 colpi. I tedeschi aggiunsero a questi armamenti anche un mitra MP 38/40 con 256 colpi di munizioni. Oltre alle munizioni necessarie al cannone e alle mitragliatrici, all'interno del carro trovarono posto anche 24 colpi per una pistola lanciarazzi di segnalazione.

PANZER 38 (t) AUSF. C. FRANCIA 1940

LE VERSIONI DEI MEZZI

Essendo la storia del carro ceco-tedesco molto complessa e articolata, è facile capire il motivo delle numerose varianti e versioni nate da questo fortunato carro. Sin dalla sua concezione cecoslovacca, gli ideatori procedettero a una nutrita serie di prototipi e assegnazioni a stati esteri che comportavano versioni diverse. A seguire le varianti propriamente tedesche sul carro madre e anche la lunga serie di mezzi militari derivati dal Panzer 38 (t).

■ LE VERSIONI CECHE

Fra i primi modelli a essere classificati da una denominazione indichiamo i cosiddetti **TNHP**, sigla che sta ad indicare le versioni per l'esportazione. L'Iran fu il primo cliente con circa 50 mezzi ordinati nel 1935. Fecero seguito i carri **LTP** destinati all'esportazione in Perù; la designazione peruviana era: **Tanque 38 / Tanque 39**. **LTH** fu la versione da esportazione in Svizzera (24 senza armi). La versione da esportazione **LTL** destinata alla Lituania (21 ordinate, nessuna consegnata a causa dell'annessione sovietica); questi mezzi furono successivamente utilizzati dalla Slovacchia come LT-40. La sigla ufficiale prevista invece per l'esercito cecoslovacco fu **LT vz. 38** con nessun mezzo entrato in servizio. La designazione utilizzata dall'esercito slovacco fu **LT-38** (come detto **LT-40** per i carri rilevati dall'ordine della Lituania).

■ LE VERSIONI TEDESCHE

I tedeschi realizzarono ben otto versioni del mezzo a cui andrebbe aggiunto anche il nono (S) già destinato all'esercito svedese. Tuttavia, le differenze fra le varie serie furono davvero poche e quasi invisibili a occhio umano. Le modifiche principali introdotte dai tecnici tedeschi includevano una torretta riorganizzata e più spaziosa, che ospitava un nuovo membro dell'equipaggio, risparmiando al comandante

▲ Uno dei primi Panzer 38(t) assegnati ai carristi tedeschi, probabilmente l'Ausf A.

qualsiasi altro compito. Fu aggiunto anche un sistema di interfono, una nuova radio tedesca, rivista la cupola del comandante, mirini modificati e nuovi fissaggi esterni. Tutti i nuovi veicoli tedeschi furono ribattezzati Panzerkampfwagen 38 (t) nel gennaio 1940.

PzKpfw 38(t) Ausf. A: il primo modello di fabbricazione sotto giurisdizione tedesca. Mezzo interamente rivettato, prodotto in circa 150 unità nel secondo semestre del 1939.

PzKpfw 38(t) Ausf. B: il secondo modello venne intelaiato con numeri di serie 151-260 e la produzione continuò fino a maggio 1940. Questo carro armato beneficiò dell'esperienza acquisita nella recente campagna di Polonia. Per cominciare, venne maggiormente protetto il dispositivo di osservazione periscopico della torretta. I cerchi in gomma dei pneumatici subirono un rinforzamento atto a garantire una maggiore resistenza. I tradizionali attrezzi previsti dai tecnici cecoslovacchi, e cioè il piccone e la pala vennero spostati sul fianco sinistro del carro anziché sul retro. A cominciare dalla versione B, i mezzi destinati non al combattimento diretto (portamunizioni ecc.) montarono cannoni esterni per aumentare la quantità di spazio all'interno del mezzo. Per la stessa ragione i carri comando (radio) persero le mitragliatrici anteriori sostituite da un tappo corazzato.

PzKpfw 38(t) Ausf. C e D: praticamente simili alla versione B, essi entrarono nella campagna di Francia senza alcuna variazione a parte i numeri dei telai (d 261 a 370 l versione C, e da 371 a 475 la versione D). Tuttavia a campagna occidentale in corso, venne alla luce l'insita debolezza della corazzatura anteriore di 25mm. L'artiglieria francese non ebbe particolari problemi a forare il carro…Questi problemi furono in parte risolti portando la corazzatura frontale a 40mm e irrobustendo l'anello della torretta. In queste versioni intermedie si iniziò anche a praticare un montaggio del carro, in parte rivettato, e in parte saldato. La versione D vide anche una nuova e meno invadente base per l'antenna di bordo e altre piccole migliorie. I carri dalla versione B alla D vennero consegnati nel periodo gennaio-novembre 1940. Inalterato rimase anche l'armamento previsto con il cannone Skoda KwK e le due mitragliatrici vz.38.

▲ Carro Panzerkampfwagen 38(t) Ausf. B della 7ª Divisione Carri che attraversa il confine francese, maggio 1940.

PANZER 38 (t) AUSF. AUSF. C 21° REGGIMENTO PANZER - FRONTE ORIENTALE 1941

PzKpfw 38(t) Ausf. E: a partire da questa serie iniziarono aggiustamenti più decisivi e seri. Si vide nuovamente che lo spessore della corazza risultava ancora insufficiente e fu quindi nuovamente irrobustita. Fu anche notevolmente aumentata la produzione, portata per questa serie a 275 mezzi con telai dal 476 al 750, tutti consegnati entro la data del maggio 1941. L'aumento un po' ovunque della corazzatura comportò anche un aumento generale del peso del mezzo che crebbe per le versione E ed F di oltre una tonnellata. Questo fatto costrinse a rinforzare anche le molle di ammortamento. Altre migliorie comportarono una variazione nella marmitta e nei fari posteriori.

PzKpfw 38(t) Ausf. F: serie con numero di telaio dal 751 al 1000. Fu questa serie a godere maggiormente delle migliori già indicate per la versione E. Il dispositivo della cortina fumogena divenne di serie da ora. I rivetti sul mezzo continuarono a calare di numero a vantaggio delle più moderne saldature. A partire dalla F molti carri montarono sulle piastre anteriori dei supporti per le maglie di riserve dei cingoli che così aumentarono indirettamente la resistenza ai colpi subiti sul fronte. Nuovi box portaoggetti più grandi e vari punti di fissaggio furono aggiunti sui parafanghi e sui fianchi del mezzo. La consegna di questi carri terminò nell'ottobre del 1941.

PzKpfw 38(t) Ausf. S: a causa della continua necessità per la Wehrmacht di disporre di carri armati, specialmente dopo l'inizio della Operazione Barbarossa, il vecchio ordine di produzione fatto dalla Svezia (da cui il nome S della serie) fu annullato d'ufficio, e i novanta mezzi previsti per l'esportazione furono tutti riassegnati all'esercito tedesco. I loro telai furono numerati 1001-1090. La tipologia di questi carri risultò essere un ibrido delle prime sei serie. La loro produzione terminò nel settembre del 1941.

PzKpfw 38(t) Ausf. G: questa fu l'ultima versione "normale", con la stessa armatura, ma una migliore distribuzione della protezione e uno scafo ora quasi interamente saldato. Venne aggiunto un filtro dell'aria più efficace e altri vari elementi. I cambiamenti maggiori comunque furono l'introduzione di una piastra frontale ancora più solida e una riduzione del numero di rivetti. Questa fu anche la serie più prodotta, 321 consegnate dalla CKD di Praga dall'ottobre 1941 al giugno 1942. Altre 179 furono consegnate come telaio e successivamente trasformate in SPG. In seguito, per le conversioni furono utilizzati nuovi telai blindati

▲ Panzerkampfwagen 38(t) Ausf. S della 20ª Divisione Carri in Russia 1941. Wikipedia CC1.

PANZER 38 (t) CARRO RADIO - FRONTE ORIENTALE 1941

▲ Pz Kpfw 38(t) carro comando del 27° Reggimento Panzer, 19ª Divisione Panzer, fronte orientale, autunno 1941.

(Ausf.H, K, L, M). La versione G fu la migliore di tutte e a buon diritto tale mezzo venne considerato il carro leggero migliore del mondo al tempo! Tuttavia l'impossibilità di dotare il mezzo di un cannone più potente alla luce dei nuovi carri nemici sul terreno ne decretò la rapida e repentina fine. Così all'inizio del 1942 furono consegnati gli ultimi 29 carri armati. D'ora in avanti i telai del Panzer 38 (t) sarebbero serviti per i nuovi cacciacarri e SPG che indichiamo di seguito.

PzKpfw 38(t) Ausf. N e africana: si hanno infine notizie di una versione/prototipo N realizzata in un solo esemplare che utilizzava armature saldate invece di armature rivettate. Altra strana versione fu quella definita "tropicale" e basata sulla serie G. progettata per la guerra in Africa; ne vennero realizzati 21 esemplari con accessori che la rendevano ottimali per il deserto. Tuttavia arrivarono in ritardo con la storia e nessuno di questi carri raggiunse mai il continente africano.
Infine segnaliamo anche una variante prevista di scafo navigabile.

▲ Panzerkampfwagen 38(t) Ausf. E-F sul fronte orientale.

PANZER 38 (t) RGT 25 7ª DIV. - FRONTE CENTRALE URSS SETTEMBRE 1941

▲ Il Pz38(t)Ausf. D poteva essere distinto dalla diversa base dell'antenna.

▲ Carro Panzerkampfwagen 38(t) nella versione anfibia galleggiante.

■ CARRI E MEZZI DERIVATI CON TELAIO PANZER 38N(t)

Il Praga/Škoda Panzer 38(t) montava un eccellente telaio: questi non andò in pensione anticipata come il carro armato che per primo lo usò. La Wehrmacht utilizzò tale telaio per molti altri mezzi come il Sd.Kfz. 138/139 (Marder III), che utilizzava un cannone tedesco da 75 mm o sovietico da 76 mm. I Marder III e i Grille erano cacciacarri e cannoni semoventi di prima generazione, SPG costruiti con armatura relativamente debole, sostituiti più tardi durante la guerra dai cacciacarri più elaborati e potenti come lo Jagdpanzer 38 (t) sempre montato su questo versatile telaio. Questo ultimo derivato fu un vero sterminatore di carri nemici, dotato di una linea elegante e inclinata, a basso profilo. Furono prodotte in gran numero anche le varie versioni SPG, mezzi Flak antiaerei, carri comando ecc. Ebbero talmente successo che le ditte boeme sfornarono poco meno di 7.000 mezzi derivati dal telaio originale sotto l'occupazione tedesca, compreso il Panzer 38(t) "standard". Del vecchio carro nulla andò buttato. Vennero persino riutilizzate circa 350 torrette per rinforzare fortini, bunker un po' ovunque e anche sul vallo atlantico.

Elenco dei principali mezzi derivati

Marder III: questo famoso cacciacarri venne realizzato in due versioni, Sd.Kfz.138 e 139, armato rispettivamente con un Pak 40 tedesco e un Pak 36(r) russo (1500 costruiti negli anni 1942-44).

Grille: un cannone semovente progettato per il supporto della fanteria, basato sulle versioni del telaio Panzer 38 (t) Ausf.H e M (383 costruiti nel 1943-44).

Munitionspanzer 38(t) (Sf) Ausf.K/M: la versione accessoria del mezzo che accompagnava il Grille, il quale non aveva spazio per trasportare le munizioni.

Jagdpanzer 38(t): designazione ufficiale dell'esercito tedesco: Sd.Kfz.138/2, un piccolo cacciacarri davvero efficiente e prolifico (ben 2827 mezzi costruiti fra il 1943 e il 1945).

Flakpanzer 38(t): il Flakpanzer 38 (t) era un mezzo antiaereo, armato con un singolo cannone automatico Flak 38 da 20 mm (0,79 pollici) (141 costruiti nel 1944-45).

Aufklärungspanzer 38(t): mezzo da ricognizione avanzato. Aufklärungspanzer 38(t) con pezzo da 2cm KwK 38 (50-70 mezzi costruiti) e **Aufklärungspanzer 38(t)** con mitragliatrici 7.5cm KwK 37 (solo 2 prototipi realizzati).

Flammpanzer 38(t): una ventina costruiti nel 1944 sulle ultime serie di Panzer 38(t).

Bergepanzer 38(t): una versione di salvataggio. Circa 170 furono convertite utilizzando il telaio esistente nel 1944-45.

Pz.Kpfw. 38(t) Schulfahrwanne: alcuni telai (forse 100-150) furono convertiti alla fine del 1942 e 1943 come carri armati senza torretta da addestramento.

■ VERSIONI SVEDESI

Anche la Svezia, all'inizio un concorrente sul mercato del carro ceco, ordinò un singolo TNH-S costruito con un motore Scania-Vabis per testarlo. Dopo il crollo e l'occupazione della Cecoslovacchia, inoltrarono un ordine di 90 TNH-S, ma la consegna fu sequestrata dai tedeschi, che ribattezzarono questa serie Panzer 38(t) Ausf. S. Tuttavia, gli svedesi furono ricompensati con una licenza di produzione e costruirono la loro versione del mezzo, denominata **Stridsvagn m / 41 S I**, prima versione TNH su licenza svedese come risarcimento per l'Ausf sequestrato da tedeschi. Ne furono prodotti 116. A seguire, lo **Stridsvagn m/41 S II**, Strv m/41 con armatura potenziata e motore più potente. 104 mezzi prodotti. Gli svedesi, così come i tedeschi, realizzarono anche una variante su scafo del Panzer 38, denominato **Stormartillerivagn m/43** - Cannone d'assalto svedese basato sul telaio m/41 SII (36 prodotti).

▲ Un carro svedese Stridsvagn M/41 S I, versione scandinava del Panzer 30 (t). Wikipedia CC1.

IMPIEGO OPERATIVO

Inquadrato sin da subito nelle Panzerdivision in prima linea, non venne tuttavia trattato alla stregua dei "nazionali" panzer I e II. Il Panzer 38 veniva infatti soprattutto utilizzato in azioni di avanguardia e di fiancheggiamento, dove diede il meglio di sé, grazie ad un'indiscussa superiorità tecnica al tempo dei primi mesi di guerra. Gli equipaggi si sentivano sicuri ed erano contenti di operare a bordo di queste macchine. Inoltre erano carri armati semplici e facili da mantenere e riparare. I loro limiti appariranno puntualmente solo sul fronte orientale nel 1942, quando si trattava di contrastare i micidiali carri russi T-34.

■ BLITZKRIEG CONTRO LA POLONIA 1939 (FALL WEISS), SETTEMBRE 1939

Nel settembre 1939, schierati con il resto dell'armata germanica, c'erano una sessantina di Panzer 38 (t) Ausf. A assegnati al Panzer-Abteilung 67, a sua volta inquadrato nella 3ª divisione Leichte (divisione leggera) appartenente al XXXI Corpo d'Armata o Armata gruppo sud che era sotto il comando diretto del valido generale von Rundstedt. La 3ª divisione leggera ingaggiò scontri con le truppe polacche nella zona vicina a Czenstochowa, riuscendo subito a sfondare la linea. Perse il suo primo Panzer 38(t) già il 6 settembre 1939, centrato in pieno da un cannone anticarro polacco da 3,7 cm. Nei giorni successivi, la 3ª Divisione Leggera continuò la sua corsa e raggiunse dei sobborghi a sud della capitale Varsavia. Qui, unitamente ad altri reparti, contribuì ad arrestare un serio tentativo di contrattacco polacco. L'ultima azione di combattimento in Polonia fu quello relativo all'assedio di Modlin. Il resoconto dell'operazione che portò alla capitolazione della Polonia lamentava la perdita di soli 7 Panzer 38, danneggiati e poi comunque tutti recuperati e rimessi operativi! Durante questa campagna, il Panzer 38 (t) si era quindi comportato bene, lamentando davvero pochi problemi, a parte la questione evidenziata già col primo carro colpito

▲ PzKpfw 38(t) della 7ª Divisione Panzer durante la conquista della Francia nel maggio 1940. Bundesarchiv.

dal cannone anticarro. Tutti i carri armati tedeschi del periodo, e quindi anche il Panzer 38(t), mancavano di un'adeguata e sufficiente corazzatura. I cannoni anticarro polacchi a distanza inferiore i 300 m di distanza si dimostrarono letali.

■ GUERRA A OCCIDENTE: (FALL GELB) MAGGIO 1940

Dopo la campagna di Polonia, le Divisioni Leggere, in cui erano organizzati i panzer 38, furono riorganizzate in vere e proprie Divisioni Panzer. La 3ª Divisione Leggera fu ribattezzata 8ª Divisione Panzer già nell'ottobre 1939. Grazie alla buona disponibilità di mezzi forniti dalle fabbriche ceche incaricate della produzione dei Panzer 38(t) Ausf. A e Ausf. B, fu possibile equipaggiare due Reggimenti Panzer, il 10° (parte dell'8ª Divisione Panzer) e d il 25° (parte della 7ª Divisione Panzer). Ogni reggimento Panzer era composto da tre battaglioni e disponeva di circa 90 veicoli. Ma, nonostante l'aumento della produzione del Panzer 38 (t), i carri armati erano sempre insufficienti per completare gli organici.

Quando nel maggio 1940 i tedeschi attaccarono la Francia, il Belgio e l'Olanda, entrambe queste divisioni Panzer facevano parte dell'Armee Gruppe A, sempre al comando del generale von Rundstedt. Il primo scontro avvenne con la 1ª divisione carri armati francese, dotata di carri Char B1 bis e H35. La 7ª Divisione Panzer varcò il confine francese il 16 maggio e, due giorni dopo, riuscì a infliggere pesanti perdite alla controparte francese. Già il 20 del mese, colonne avanzate delle divisioni germaniche raggiunsero l'area di Arras, dove il 4° e il 7° reggimento di carri armati britannici mostrarono i loro muscoli. Queste unità erano equipaggiate con carri armati medi Matilda, ben corazzati; questi risultarono immuni al cannone da 3,7 cm del Panzer 38(t). Al contrario, almeno durante i primi scontri, i corazzati inglesi seminarono il terrore tra le unità tedesche. Un sapiente e intensivo uso di artiglieria, dei micidiali pezzi anticarro da 88 e aerei permise ai tedeschi di riprendere l'iniziativa. Gli inglesi alla fine subirono un salasso perdendo circa 46 carri armati, mentre da parte tedesca le perdite ammontarono a soli sei Panzer 38(t). Già il 12 giugno questa divisione riuscì a chiudere nella morsa il IX corpo d'armata francese vicino ad Abbeville costringendolo alla resa. Un'ultima azione di combattimento avvenne il 18 giugno a Cherbourg contro forze britanniche.

▲ Un Panzer 38(t) e alcuni membri dell'equipaggio durante l'invasione della Francia. Notare la vecchia tenuta (uniforme dei carristi tedeschi col tipico basco Largo). Courtesy by Bundesarchiv.

PANZER 38 (t) BATTAGLIA DI SMOLENSK RUSSIA, AGOSTO 1941

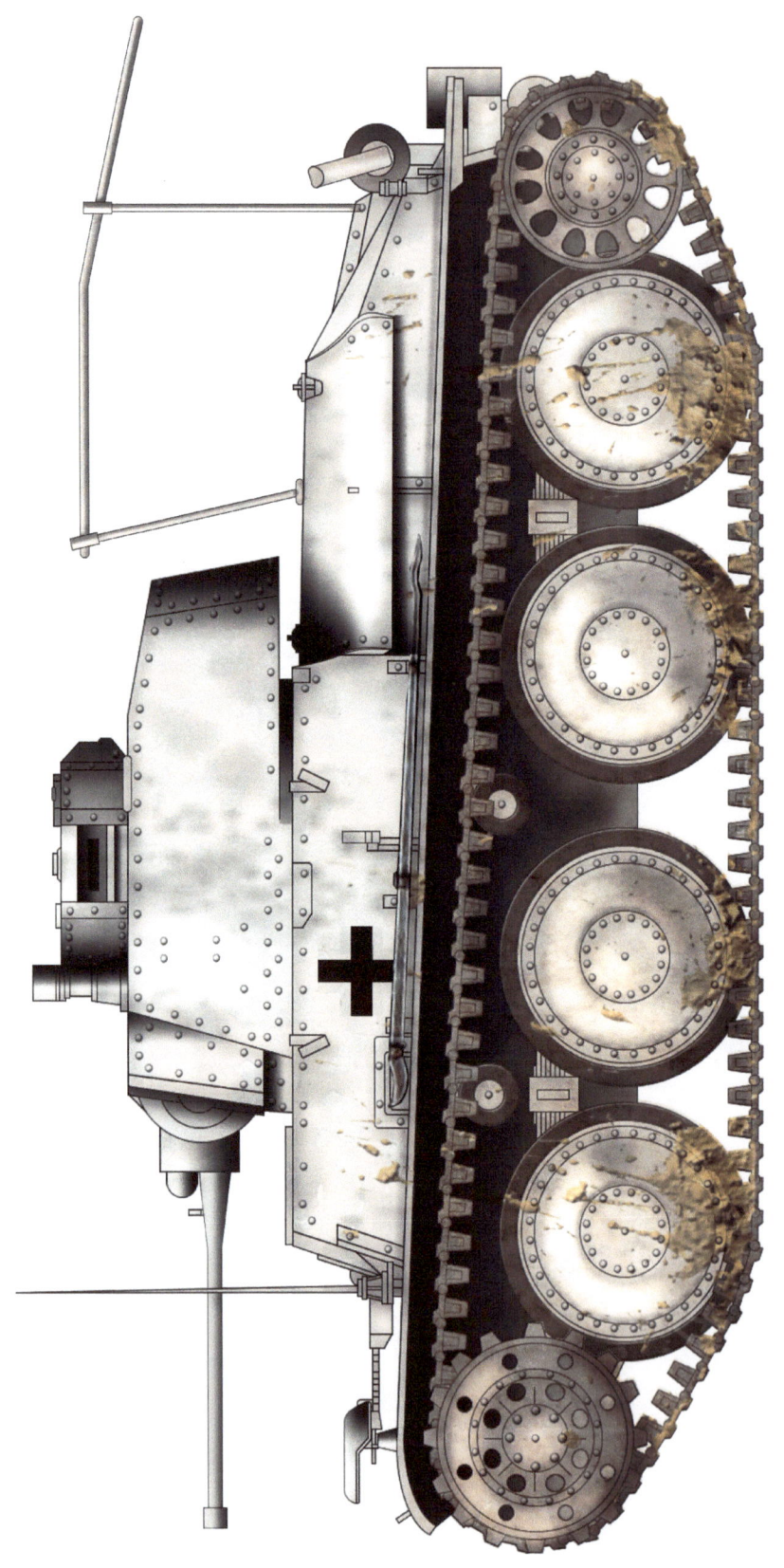

PANZER 38 (t) - DELLA 20ª O 22ª DIV. PANZER - FRONTE ORIENTALE, INVERNO 1941-42

PANZER 38 (t) AUSF C-D - FRONTE ORIENTALE, INVERNO 1941-1942

▲ Pz Kpfw 38(t) Ausf. C-D del 29° Panzer Regiment, 12ª Panzer Division, fronte orientale, inverno 1941-1942.

Nel frattempo, l'8ª Divisione Panzer, dotta anch'essa di un centinaio di Panzer 38, sotto la guida del teorico del Blitzkrieg Hans Guderian, fece la sua corsa la mare raggiungendo prima St.Omer e poi Dunkerque. Quando la Francia si arrese entrambe le divisioni persero circa 55 Panzer 38(t), ma come già in Polonia, la maggior parte di loro poté essere riparata e rimessa in azione. Il Panzer 38 fu un atroce scherzo del destino per gli alleati franco-britannici, che a tempo debito si rifiutarono di impegnare le loro truppe per salvare Praga. Ora con i suoi carri cechi questa vittoria tedesca fu la vendetta cecoslovacca per aver consegnato il proprio paese alla mercé dei tedeschi durante il funesto accordo di Monaco.

■ LA CAMPAGNA BALCANICA: APRILE 1941

Dopo la Francia, lo Stato maggiore tedesco progettò di inviare alcune compagnie di panzer 38 (t) nel blitzkrieg norvegese. Tuttavia questo pianò fu successivamente accantonato. I carri cechi trovarono invece nuovo impiego sui Balcani dove parteciparono alla conquista della Jugoslavia prima e della Grecia poi. Fu L'8ª Divisione Panzer quella impegnata nella guerra dell'Asse con il Regno di Jugoslavia nell'aprile 1941. Durante questa operazione, l'8ª Divisione Panzer faceva parte del LVI° Corpo motorizzato che partì all'assalto dalle basi ungheresi, alleati dei nazisti. La campagna fu breve e non eccessivamente cruenta. La 8ª Divisione riportò la perdita di 7 Panzer 38(t).

■ OPERAZIONE BARBAROSSA: ASSALTO ALL'UNIONE SOVIETICA

La vera prova di forza per la Wehrmacht arrivò con l'Operazione Barbarossa. In questa gigantesca campagna i Panzer 38 (t) in largo numero equipaggiarono le seguenti Divisioni panzer: 6ª, 7ª, 8ª, 12ª, 19ª e 20ª. Vale a dire c'erano altre 3 Divisioni Panzer equipaggiate con questo veicolo, oltre a quelle usate in Francia. Le forze totali di Panzer 38(t) e veicoli di comando di queste divisioni al 22 giugno 1941 erano le seguenti: la 7ª aveva 166 carri armati e 7 veicoli di comando, l'8ª 118 e 7, la 12ª 109 e 8, la 19ª 116 e 11

▲ Panzer 38 (t) attraversano un villagio russo durante l'Operazione Barbarossa. Bundesarchiv (colorazione autore).

PANZER 38 (t) - LT-30 ESERCITO SLOVACCO, 1941

▲ LT-38 del 1° plotone della 3ª compagnia Mobile Group, Slovacchia, giugno 1941.

e la 20ª aveva 116 veicoli e solo 2 veicoli di comando. Era chiaro che più il tempo passava, più il nemico attuava contromisure dotandosi di corazzati sempre più robusti e il Panzer 38 (t) nel 1942 doveva essere spostato a incarichi meno pericolosi venendo relegato soprattutto a missioni di ricognizione e azioni di retroguardia. Nel tentativo di rendere il più possibile autonomi i carri leggeri, furono studiate formule che consentissero ai mezzi di disporre maggiore carburante per aumentare il raggio d'azione in un territorio vastissimo come quello russo. Il Panzer 38 (t) (insieme a quasi tutti i carri armati tedeschi) doveva essere equipaggiato con rimorchi di carburante trainati dallo stesso mezzo della capacità di 200 l. Questo sistema tuttavia rivelò i suoi limiti e fu presto abbandonato. In questa campagna, come prevedibile, le perdite crebbero in maniera esponenziale. Ad esempio, la 7ª Divisione Panzer perdette quasi 180 carri all'inizio del 1942. Di questi, la metà perché colpiti dal fuoco nemico, altri per problemi vari; ma ben 52 furono distrutti dagli stessi tedeschi per carenza di carburante e per impedire che finissero in mani nemiche, come capitò a qualche mezzo. Per rifiatare, la Wehrmacht nel 1942 fece rimpatriare due divisioni dotate di Panzer 38, la 6ª e la 7ª, mentre ne venne equipaggiata una nuova, la 22ª Divisione Panzer. Sempre durante il 1942, i tedeschi vendettero anche oltre 100 Panzer 38 (t) ai loro alleati ungheresi. I tedeschi avevano capito con ogni evidenza che i giorni del combattimento per questo buon carro erano terminati. Illuminante a proposito questo rapporto interno delle forze corazzate germaniche:

" ... I Panzer vengono messi fuori combattimento dal T 34 a distanze comprese tra 200 e 800 metri. Il Panzer 38(t) non può distruggere o respingere un T 34 a queste distanze. Grazie al suo cannone, il T 34 può mettere fuori combattimento un Panzer attaccante a lungo raggio... ".

Il cannone da 3,7 cm del Panzer 38 (t), come si era visto già in Francia contro i Matilda inglesi, era inefficace contro l'armatura sempre più spessa e inclinata dei nuovi carri armati sovietici.

■ ALTRI RUOLI E ALTRI UTILIZZI

Dal 1942 i tedeschi presero quindi definitivamente atto che il Panzer 38(t) era diventato obsoleto e assolutamente inadatto al combattimento in prima linea. Quindi, la maggior parte dei Panzer 38 (t) fu ritirata dal fronte e riassegnata a compiti secondari. Oltre 351 torrette rimosse dai carri furono utilizzate come

▲ Panzer 38 (t) nel mezzo della campagna ucraina. Bundesarchiv (colorazione dell'autore).

PANZER 38 (t) PZ RGT 204 22ª DIV. IN CRIMEA URSS, APRILE 1942

bunker e postazioni fisse in tutta l'Europa occupata. Alcuni veicoli vennero riutilizzati come carri scuola di addestramento, caricati su treni come artiglieria ferroviaria o persino come veicoli per munizioni. Il resto fece da base per la creazione dei famosi carri derivati: caciacarri, cannoni semoventi, artiglieria contraerea, ecc.

Utilizzato da altri Paesi dell'Asse

Durante tutta la durata della guerra, i tedeschi fornirono ai loro alleati una serie di armi e carri armati diversi. Questi includevano anche il Panzer 38 (t). Durante il tentativo di riarmare i loro alleati rumeni nel marzo 1943, circa 50 versioni Panzer 38 (t) Ausf.A, B e C (note come T-38 nel servizio rumeno) furono fornite alla Romania. Questi furono poi usati dai rumeni per combattere i sovietici, ma poiché questi carri armati erano ovviamente obsoleti, la maggior parte di essi andò presto perduto. Tuttavia, alcuni sopravvissero fino all'agosto 1944, quando la Romania cambiò schieramento e si unì ai sovietici iniziando ad attaccare le unità tedesche. Gli ultimi tre T-38 furono persi durante i combattimenti proprio contro i tedeschi nella battaglia sul fiume Hron nel marzo 1945.

■ CONCLUSIONI

Pur non essendo di costruzione e concessione tedesca, il Panzer 38(t) svolse un ruolo importante nelle Divisioni Panzer durante i primi anni di guerra. Era di gran lunga superiore ai carri armati tedeschi Panzer I e II ed era disponibile in numero sufficiente per equipaggiare diverse divisioni Panzer fino a tutto il 1941. Mentre la sua efficacia come carro armato da combattimento in prima linea calò drasticamente durante l'invasione dell'Unione Sovietica, il suo servizio non finì qui. Infatti grazie al suo ottimo telaio, questo mezzo fu ampiamente utilizzato dai tedeschi fino alla fine della guerra.
I principali vantaggi del Panzer 38 (t), rispetto ad altri carri armati dell'epoca, erano l'elevata affidabilità e la mobilità sostenuta. Secondo gli equipaggi che montarono il carro, i componenti di propulsione del Pz. 38(t) – motore, cambio, sterzo, sospensioni, ruote e cingoli – erano perfettamente in sintonia tra loro ed inoltre era considerato anche un carro facile da mantenere e riparare.

▲ Un Panzer 38 (t) nell'atto simbolico di superare il confine russo. Bundesarchiv.

▲ Un carro comando Panzer 38 (t). Lo si riconosce dalla particolare antenna che si sviluppa sul Fianco. Ve ne era una anche più efficace, che si sviluppava sul retro del carro. (vedi profili a pagg. 17 e 26).

▼ Questa immagine evidenzia bene i limiti della corazzatura, perlomeno dei primi carri Panzer 38 (t).

▲ Vista del profilo dall'alto del Panzer 38 (t).

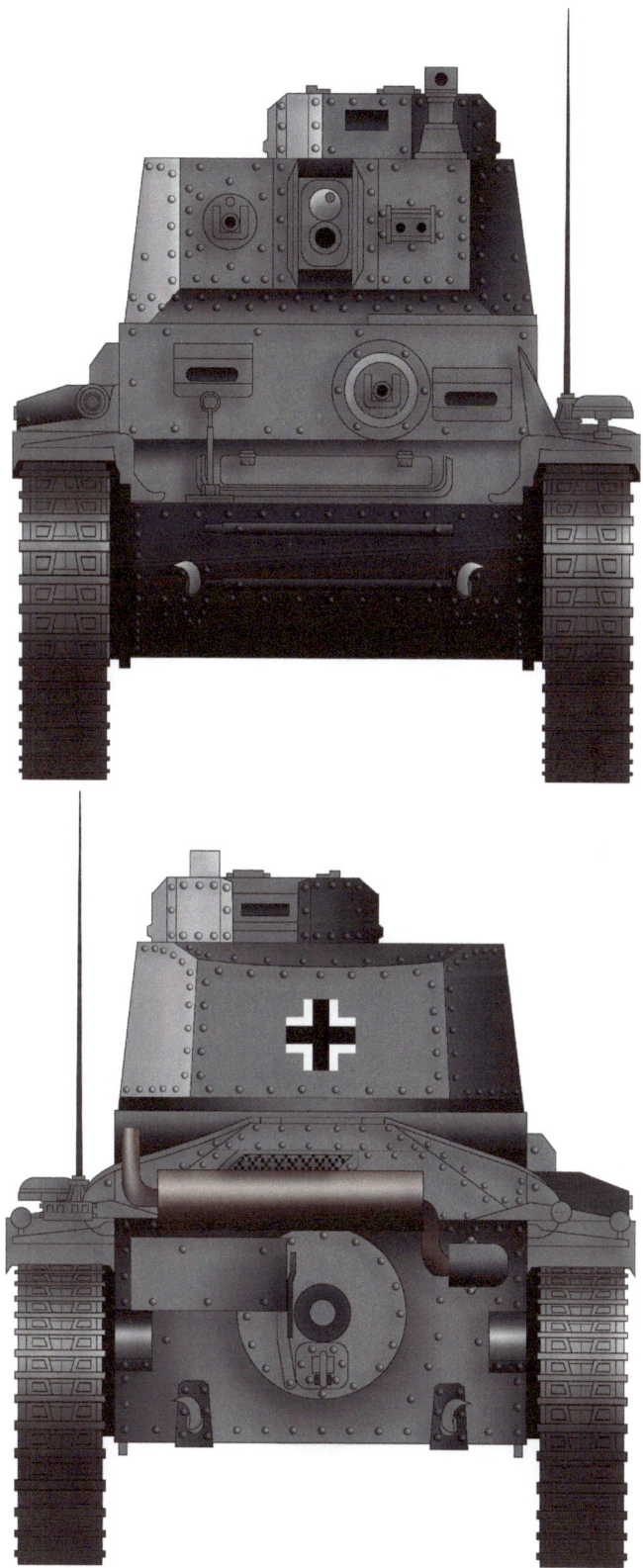

▲ Vista del profilo fronte e retro del Panzer 38 (t).

▲ Un Panzer 38 (t) attraversa un villaggio ucraino durante l'navisone dell'URSS. Bundesarchiv (colorazione autore).

▼ I guasti e gli incidenti ai carri furono assai numerosi in terra russa. Bundesarchiv (colorazione dell'autore).

PANZER 38 (t) AUSF. D, PZ. RGT. 204, 22ª PZ. DIV., CRIMEA - URSS, APRILE 1942

PANZER 38 (t)

TWE 37

PANZER 38 (t) AUSF E-F CATTURTO DAI RUSSI, 1942

▲ Pz Kpfw 38(t) Ausf. E-F catturato e riutilizzato dai russi, 1942.

▲ L'equipaggio di un carro Panzer 38 (t) vicino ad un'isba. Russia 1941.

▼ Carro Panzer 38 (t) finito nelle mani dell'esercito sovietico e poi riconvertito. Vedi il profilo a pag. 38.

PANZER 38 (t) AUSF E-F PER ADDESTRAMENTO - GERMANIA 1942

▲ Pz Kpfw 38(t) Ausf. E-F utilizzato per l'addestramento delle unità ungheresi a Wünsdorf, Germania, inverno 1942.

MIMETICHE E SEGNI DISTINTIVI

Nelle prime fasi della guerra in Polonia e in Francia, l'esercito tedesco utilizzò principalmente veicoli verniciati in Dunkelgrau (RAL 7021), con alcuni mezzi dipinti anche in Dunkelbraun (RAL 7017) come motivo mimetico fino a quando l'Oberkommando des Heeres decise che si doveva utilizzare solo il Dunkelgrau. La decisione non riguardava solo i carri armati, bensì anche tutti gli altri mezzi o AFV: autoblindo, semicingolati e persino i carri cucina erano dipinti dello stesso colore.

Questo Dunkelgrau è spesso mostrato nelle illustrazioni in modo non troppo corretto. Il punto è che si tratta nella realtà di un colore grigio-bluastro molto scuro. Questo fatto erroneo è spesso dovuto al fatto che il grigio tende a "fondersi" efficacemente con i colori circostanti e di conseguenza ad apparire molto più chiaro.

La guerra combattuta, però, fece aprire gli occhi ai generali di Hitler, specialmente in Russia e in Africa. In entrambi i teatri operativi il Dunkelgrau si vedeva lontano chilometri, un chiaro invito al fuoco nemico. Perciò le divisioni tedesche in URSS utilizzarono qualsiasi materiale utile per colorare di bianco i loro veicoli, tra cui materiale naturale come gesso, lenzuola, neve ammucchiata fino all'inevitabile imbiancatura. La mimetica così ottenuta salvò la pella a molti carristi...

Queste sbiancate dilettantesche avevano anche il vantaggio di lavarsi gradualmente con le piogge di fine inverno e inizio primavera, sciogliendosi come neve. Stesso problema in Libia, anche se qui il bianco non serviva, ci si dannò nel trovare una soluzione con la testardaggine tipica tedesca e alla fine si trovò una soluzione quando il Gelbbraun (RAL 8000) fu assegnato a quel fronte e i veicoli in Dunkelgrau furono rapidamente mimetizzati con il deserto. Oltre a colorare in Gelbraun, in Africa si utilizzò anche il Graugrün (RAL 7008), quest'ultimo in diverse varianti condizionate da quello che i carristi avevano a portata di mano, o che gli riusciva di catturare al nemico.

A partire dal 1942, i colori ufficiali cominciarono a scarseggiare al fronte e spesso anche in fabbrica. I mezzi militari venivano quindi dipinti utilizzando copie o schemi alternativi di colori, specialmente per i mezzi del deserto (più isolati rispetto alla madrepatria), utilizzando Braun (RAL 8020) e Grau (marrone e grigio, RAL 7027). Nelle pagine del libro troverete uno specchietto assai chiaro su queste tinte e la denominazione RAL.

Oltre che in Africa, anche sul fronte orientale si inizia a far ricorso a veicoli dipinti con la mimetica bicolore già in uso nel deserto. Va ricordato, comunque, che a metà conflitto la maggior parte dei carri tedeschi in Russia era ancora Dunkelgrau, almeno fino al 1943, quando l'OKH emise un nuovo ordine che prevedeva che il colore di base standard di tutti i veicoli divenisse il Dunkelgelb (giallo scuro, RAL 7028). Il colore non era un vero è proprio giallo, ma piuttosto tendente al bronzo. Colore delicato comunque, che variava, anche enormemente, in relazione a molti fattori: chi lo dipingeva, quanto veniva diluito

con solventi, tempo, usura ecc. Il RAL 7028 offre, anche in bibliografia, un numero elevato di "varianti"! Fu così, un po' per caso, un po' per fortuna che si giunse ad ottenere quella moderna mimetica che i tedeschi chiamarono l'*Hinterhalt-Tarnung* o "*Ambush*". Un aspetto complicato da descrivere, ma nei fatti si tratta di un effetto di luce filtrata dal fogliame naturale, insomma, una mimetica assai efficace. Così come nelle opere d'arte, si poteva anche in questo caso parlare di stili, i più variegati possibile. Uno ricordava appunto il *pointillisme* degli impressionisti francesi. Uno più "orfico" anche detto a dischi o a chiazze. La scelta di uno stile o dell'altro era anche in un certo modo la firma della fabbrica che produceva i mezzi (a partire dalla metà del 1944 i mezzi venivano dipinti negli stabilimenti di produzione). I colori applicati in fabbrica erano una base di Dunkelgelb, con macchie di Rotbraun (rosso marrone) e Olivgrün (verde oliva). Sorsero sempre più spesso problemi di stoccaggio, temporali e altro che resero variegata la fornitura in uscita.

Nel dicembre 1944, infine, fu emesso un nuovo ordine che prevedeva che i carri armati fossero verniciati tutto con uno strato di base (sopra il primer rosso-ossido, il minio italiano) di Dunkelgrün e/o Olivgrün con applicazioni di strisce e macchie di Dunkelgelb e Rotbraun, e questo sembra essere l'ultimo ordine dato per la mimetizzazione a guerra in corso.

L'applicazione della mimetica era generalmente effettuata con spray di vernice ad aria compressa, in mancanza del quale si procedeva "alla vecchia": pennelli, spazzoloni o semplicemente stracci all'estremità di un bastone. Questi artifici, quest'arte di arrangiarsi finiva col moltiplicare le varianti mimetiche che sarebbero poi destinate al campo di battaglia.

Come tutti gli eserciti, anche quello tedesco aveva capito (spesso prima di molti) che occultare i veicoli nelle manovre difensive o offensive avrebbe aumentato le probabilità di sopravvivenza allo scontro. Oltre alla mimetizzazione dipinta sul veicolo stesso, veniva quindi spesso usato anche il fogliame (rami, cespugli, fieno, persino cataste di legna) per coprire il veicolo, di solito dalla parte anteriore, per renderlo ancora più difficile da individuare e da distinguere dall'ambiente circostante. Più raramente si utilizzavano anche teloni e tele mimetiche e reti mimetiche miste a fogliame per nascondere ulteriormente il carro. Non ultimo anche il fango e la neve erano un economico, ma efficace, mimetico assai utile a confondersi con l'ambiente circostante.

▲ Un trasporto ferroviario con diversi carri 38 (t) destinazione Russia. Wikipedia (colorazione dell'autore).

PANZER 38 (t) AUSF E-F RUSSIA ESTATE 1942

▲ Pz Kpfw 38(t) Ausf. E-F dell'8ª compagnia 204° Pazner Regiment, 22ª Panzer Division, Russia, estate 1942.

▲ Schieramento di Panzer 38 (t) dell'esercito ungherese pronti as entrare in territorio Sovietico.

▼ Un carro Panzer 38 (t) che traina un carrello con carburante. Questa formulazione venne elaborata dallo stato maggiore tedesco per far fronte al problema della autonomi operativa dei carri, provocata dalle enormi distanze nei territori dell'Unione Sovietica.

PANZER 38 (t) AUSF C-D RUSSIA, PRIMAVERA 1942

▲ Pz Kpfw 38(t) Ausf. C-D del 21° Reggimento Panzer 20ª Divisione Panzer, Demyansk, primavera 1943.

PANZER 38 (t) AUSF E-F PER ADDESTRAMENTO GERMANIA, ESTATE 1943

▲ Pz Kpfw 38(t) Ausf. E-F utilizzato per l'addestramento delle unità NSKK in Germania, estate 1943.

PRODUZIONE ED ESPORTAZIONE

Del Panzer P38 (t) in totale ne furono fabbricati oltre 1400 di tutte le versioni, comprese quelle sperimentali previste per l'esercito ceco e quello tedesco. Altre centinaia furono invece quelle ottenute o realizzate per alre nazioni. Le ditte preposte alla fabbricazione del Panzer 38 (t) erano quelle originali ceche, poichè ancora prima di poterle utilizzare l'esercito ceco simse di esistere a seguito dell'occupazione della nazione da parte della Wehrmacht.

Il panzer38 (t) in tutte le sue numerose varianti fu principalmente utilizzato dall'esercito tedesco e anche dai alcuni altri paese indicati di seguito, fra vecchi acquirenti, alleati, prede belliche, ecc.

ALTRI PAESI:

Svezia: la nazione scandinava ordinò prima della guerra il carro denominato **PzKpfw 38(t) Ausf. S**. Tuttavia, esso fu posto sotto sequestro dalla Germania, che vi installò nuove radio per convertirli a carro comando. Alcuni di questi esemplari furono comunque esportati nella Repubblica Slovacca e parteciparono ad alcuni combattimenti nel sud dell'Unione Sovietica tra il 1941 e il 1942. La Svezia tuttavia non demordette e decise di produrre il carro in casa sua sotto licenza a compensazione dei carri sequestrati dai tedeschi. Gli svedesi chiamarono il loro carro **Stridsvagn m/41 S I** e ne realizzarono 116 esemplari prodotti. Successivamente realizzarono una seconda versione **Stridsvagn m/41 S II** con corazzatura e motore potenziati. Ne produssero 104 esemplari.

Slovacchia: come detto, in qualità di stato satellite dell'Asse ricevette circa 90 Panzer 38 dismessi dai tedeschi e già di pertinenza svedese. Furono impegnati specialmente sul fronte russo, e successivamente schierati contro la Wehrmacht nella rivolta dell'agosto 1944.

Romania: sempre forniti dai tedeschi, l'esercito rumeno ne ricevette circa 50.

Ungheria: sempre forniti dai tedeschi, l'esercito magiaro ne ricevette circa 102.

Bulgaria: sempre forniti dai tedeschi l'esercito bulgaro ne ricevette circa 10.

Cecoslovacchia: ritrovata la libertà, la nazione boema recuperò alcuni dei suoi vecchi carri e li mantenne in servizio fino al 1950.

VECCHI ACQUIRENTI:

Prima della guerra e sin dal 1935, la ditta ceca CKD, nel tentativo di finanziare la produzione futura e parte dello sviluppo a costi accessibili, pensò di realizzare versioni per l'esportazione, con il nome di fabbrica TNH. Furono quindi progettati, rivisti sotto contratto e venduti in quantità moderate in diversi paesi esteri. Fra questi ricordiamo l' Iran (TNHP), la Svizzera (LTH, poi ribattezzato Panzer 38 e G3 dopo la guerra) e la Lituania (LTL). Sfortunatamente per quest'ultimo paese baltico, le consegne non avvennero prima dell'invasione dell'URSS.

Perù: una missione peruviana andò in Europa nel 1935 ed esaminò i carri armati di diversi importanti produttori prima di optare definitivmente sull'LTP ceco. Il Perù ne acquistò 24. Furono consegnati nel biennio 1938-1939 e designati *Tanque 38* (poi *Tanque 39*). Questa piccola forza corazzata di due compagnie di carri armati era completata da fanteria montata su camion e artiglieria trainata da trattori sempre acquistati in Boemia (il ceco ČKD). La dottrina peruviana fu influenzata dalla missione militare francese operante in Perù all'epoca e enfatizzò l'uso di carri armati per supportare gli attacchi di fanteria piuttosto che in colonne mobili indipendenti, come nel Blitzkrieg tedesco.

Il battaglione di carri armati peruviani svolse un ruolo importante nella guerra ecuadoriano-peruviana del 1941, guidando l'attacco attraverso il fiume Zarumilla e ad Arenillas. Ciò venne agevolato dal fatto che l'esercito ecuadoriano non aveva moderni cannoni anticarro e la loro artiglieria era ancora del vecchio tipo ippotrainata. Alla fine gli ultimi carri armati LTP peruviani vennero ritirati dal servizio attivo solo nel 1988!

▲ Panzer 38 (t) Ausf. F nei magazzini della fabbrica nell'estate del 1941.

▼ Lo stesso carro Panzer 38 (t) Ausf. F nei magazzini della fabbrica nell'estate del 1941 visto di retro. Notare a luce posteriore Notek che è stata come da regolamento spostata a sinistra, la marmitta è stata rialzata ed è stato aggiunto il dispositivo fumogeno.

▲ Un Panzer 38 della 7ª divisione Panzer durante la battaglia di Francia, il generale a sinistra è Erwin Rommel.

▼ Panzer 38 della 12ª Panzer Division, sul fronte orientale in marcia. Wikipedia.

▲ Rara immagine del Panzer 38 (t) Ausf. N realizzato in un solo protoripo e mai prodotto in serie.

▼ Sd.Kfz.268 della 7ª Panzer Division, Vilnius, 1941. Questa versione può essere distinta dall'antenna a binario.

PANZER 38 (t) AUSF E 63° PNZ. REG STANISLAV UCRAINA, MARZO 1944

SCHEDA TECNICA		
Modello	Ausf. A-D + S	Ausf. E-G
Caratteristiche Generali		
Peso	9,71	9,85 t
Lunghezza	4,61 m	4,61 m
Larghezza	2,14 m	2,14 m
Altezza	2,25 m	2,25 m
Altezza da terra	40cm	40cm
Larghezza cingolo	30 cm	30 cm
Equipaggio	4 (un comandante, un cannoniere, un pilota e un servente)	
Anno	1937- entrata in servizio luglio 1938 - ritiro produzione Germania 1942	
Totale carri prodotti	Circa 1400 totale di tutti i modelli	
Armamento	1 × cannone KwK 38(t) L/47.8 da 37 mm (nome tedesco dello Škoda 3,7 cm A7) 2 × mitragliatrici MG37(t) da 7,92 mm	
Dotazione munizioni	Cannone = 72 proiettili da 37 mm Mitragliatrici= 2.400 colpi da 7,92 mm	
Corazzatura		
Scafo frontale	25 mm	
Scafo laterale	15 mm	
Scafo posteriore	15mm	
Scafo superiore	10 mm	
Scafo plancia	8 mm	
Torretta frontale	25mm	
Torretta laterale	15 mm	
Torretta posteriore	15mm	
Mobilità		
Motore	Motore a benzina EPA Praga a 6 cilindri raffreddato ad acqua	
Potenza	150 CV	
Volume del carro		
Cambio (V / R)	6 / 1	
Velocità massima	42 km/h	
Riserva carburante	220 l	
Autonomia	250 km (su strada) 160 (misto)	
sospensione	Balestre	
Produzione e telai		
PzKpfw 38(t) Ausf. A	150 modelli - maggio - novembre 1939	
PzKpfw 38(t) Ausf. B	110 modelli - gennaio - novembre 1940	
PzKpfw 38(t) Ausf. C	110 modelli - gennaio - novembre 1940	
PzKpfw 38(t) Ausf. D	105 modelli - settembre - novembre 1940	
PzKpfw 38(t) Ausf. E	275 modelli - novembre 1940 - ottobre 1941	
PzKpfw 38(t) Ausf. F	525 modelli - novembre 1940 - ottobre 1941	
PzKpfw 38(t) Ausf. G	321 modelli - ottobre 1940 - luglio 1942	
PzKpfw 38(t) Ausf. S	90 modelli - maggio - dicembre 1941	
Telai A-B-C-D-S	Versione A 0001-0150, Versione B 0151-0260, Versione C 0261-0370, Versione D 0371-0475, Versione S 1001-1090	
Telai E-F-G	Versione E 0476-0750, Versione F 0751-1000, Versione G 1101-1359, 1480-1526	

PANZER 38 (t) VERSIONE CARRO PORTAMUNIZIONI, FRONTE ORIENTALE 1942

▲ Panzer 38 appartenente all'esercito slovacco esposto a Banska-Bystrica. Wikipedia CC1

▼ Torretta del panzer nella versione svedese (Stridsvagn m41) ad Hässleholm. Quando il carro tedesco venne ritirato dalla prima linea molte torrette vennero utilizzate per postazioni fisse difensive.

PANZER 38 (t) - VERSIONE SVEDESE "STRIDSVAGN M/41" - SVEZIA 1941

PANZER 38 (t) - 9ª COMPAGNIA BRIGATA CARRI - BULGARIA 1944

PANZER 38 (t) - BALCANI, SETTEMBRE 1944

▲ Pz Kpfw 38(t) Ausf. E. Carro inquadrato in un treno blindato che combattè contro i partigiani, settembre 1944.

BIBLIOGRAFIA

- Peter Chamberlain, Hilary Doyle e Thomas L. Jentz, *Encyclopedia of German Tanks of World War Two Revised edition*, Londra, Arms & Armour Press, 1993, ISBN 1-85409-214-6.
- Janusz Ledwoch *PzKfw 38 (t) - Lt vz. 38* Widawnictwo Militaria Varsavia 1993.
- Wolfganf Fleischer *Panzerkampfwagen 38 (t) im einsatz*. Waffen Arsenal 1999.
- George Forty, *World War Two Tanks*, Osprey, 1995, ISBN 978-1-85532-532-6.
- Bryan Perrett, Terry Hadler. *German Light Panzers 1932-42* Osprey Publishing, 1998
- Robert Michulec, *Armor battles on the Eastern Front (1)*, Hong Kong, Concord pub.company,
- Dennis Oliver, *Panzer German army light tank*, Pen&Sword, Great Britain 2019.
- Frido Maria von Senger und Etterlin, *Die deutschen Panzer 1926-1945*, Bernard & Graefe Verlag, 1973.
- Green, Michael; Anderson, Thomas; Schultz, Frank. *German Tanks of World War II.* London, UK: Zenith Imprints.
- George Forty *Die deutsche Panzerwaffe im Zweiten Weltkrieg*. Bechtermünz, Augsburg 1998,
- Alexander Lüdeke *Panzer der Wehrmacht 1933-1945*. 3. Auflage, Motorbuch-Verlag, Stuttgart 2010, ISBN 978-3-613-02953-8.
- Ferdinand Maria von Senger und Etterlin *Die deutschen Panzer 1926–1945*. Bernard & Graefe, Bonn 1998, ISBN 3-7637-5988-3.
- Jan Suermond *Wehrmacht-Fahrzeuge - Restaurierte Rad- und Ketten-Kfz*. 1. Auflage. Motorbuch Verlag, Stuttgart 2005, ISBN 3-613-02513-2.
- SJ Zaloga, *Panzer 38(t)*, Osprey Publishing.
- HH Stapfer (2009) *Panzer 38(t)/Swiss LTL-H*, Squadron Signal.
- D. Nešić, (2008), *Naoružanje Drugog Svetsko Rata*-Nemačka, Beograd
- D. Doyle (2005). *German military vehicles*, Krause Pubblication.
- A. Lüdeke (2007) *Waffentechnik im Zweiten Weltkrieg*, libri Parragon.
- H. Scheibert, *Die Deutschen Panzer Des Zweiten Weltkriegs*, Dörfler.
- C. Bescze (2007) Magyar Steel Hungarian Armor in WW II, STRATUS.
- PP Battistelli (2007) *Panzer Divisions: The Blitzkrieg Years 1939-40*. Osprey Publishing.
- Thomas L. Jentz, *Panzerkampfwagen 38 (t) Ausf.A to G und S: Production, Modification, and Operational History from 1939 to 1942*, Panzer Tracts, No. 18, Boyds, Maryland, Panzer Tracts, 2007.
- Francev Vladimír, Kliment Charles, *Praga LT vz.38 (PzKpfw 38 (t)*, publisher Miroslav Bílý (MBI).
- Walter J. Spielberger, *Die Panzer-Kampfwagen 35(t) und 38(t) und ihre Abarten*, Motorbuch Verlag.
- Robert Jackson: *Panzer: Modelle aus aller Welt von 1915 bis heute*. Parragon Books, Bath 2010
- Thomas L. Jentz: *Die deutsche Panzertruppe * 1933-1942 * Band 1*. 1. Auflage. Podzun-Pallas-Verlag, Wölfersheim-Berstadt 1998.
- Didrik von Porat: *Svenska armens Pansar*. Armeemuseum Stockholm, 1985.
- Jacopo Barbarito *I panzer di Hitler* . Soldiershop Bergamo 2023.
- Fulvio Miglia *Le armi del terzo Reich*. edizioni Bizzarri Roma 1974.

TITOLI GIÀ PUBBLICATI

TUTTI I LIBRI DELLA COLLANA SONO STAMPATI IN ITALIANO E IN INGLESE

VISITA IL NOSTRO SITO PER AVERE MAGGIORI INFORMAZIONI SU THE WEAPONS ENCYCLOPAEDIA:

https://soldiershop.com/collane/libri/the-weapons-encyclopaedia/

TWE-014 IT